BEI GRIN MACHT SICH IHR WISSEN BEZAHLT

- Wir veröffentlichen Ihre Hausarbeit, Bachelor- und Masterarbeit

- Ihr eigenes eBook und Buch - weltweit in allen wichtigen Shops

- Verdienen Sie an jedem Verkauf

Jetzt bei www.GRIN.com hochladen und kostenlos publizieren

Bibliografische Information der Deutschen Nationalbibliothek:

Die Deutsche Bibliothek verzeichnet diese Publikation in der Deutschen Nationalbibliografie; detaillierte bibliografische Daten sind im Internet über http://dnb.d-nb.de/ abrufbar.

Dieses Werk sowie alle darin enthaltenen einzelnen Beiträge und Abbildungen sind urheberrechtlich geschützt. Jede Verwertung, die nicht ausdrücklich vom Urheberrechtsschutz zugelassen ist, bedarf der vorherigen Zustimmung des Verlages. Das gilt insbesondere für Vervielfältigungen, Bearbeitungen, Übersetzungen, Mikroverfilmungen, Auswertungen durch Datenbanken und für die Einspeicherung und Verarbeitung in elektronische Systeme. Alle Rechte, auch die des auszugsweisen Nachdrucks, der fotomechanischen Wiedergabe (einschließlich Mikrokopie) sowie der Auswertung durch Datenbanken oder ähnliche Einrichtungen, vorbehalten.

Impressum:

Copyright © 2016 GRIN Verlag
Druck und Bindung: Books on Demand GmbH, Norderstedt Germany
ISBN: 9783668991125

Dieses Buch bei GRIN:

https://www.grin.com/document/493661

Markus Wiedemann

Anfertigen eines M8 Innengewindes von Hand. Vor- Mittel- und Fertigschneider (Unterweisung Industriemechaniker/in)

GRIN Verlag

GRIN - Your knowledge has value

Der GRIN Verlag publiziert seit 1998 wissenschaftliche Arbeiten von Studenten, Hochschullehrern und anderen Akademikern als eBook und gedrucktes Buch. Die Verlagswebsite www.grin.com ist die ideale Plattform zur Veröffentlichung von Hausarbeiten, Abschlussarbeiten, wissenschaftlichen Aufsätzen, Dissertationen und Fachbüchern.

Besuchen Sie uns im Internet:

http://www.grin.com/

http://www.facebook.com/grincom

http://www.twitter.com/grin_com

Unterweisung Industriemechaniker

Anfertigen eines M8 Innengewindes von Hand.

Vor-Mittel- und Fertigschneider

THEMA:

Anfertigen eines M8 Innengewindes (3 Gänge Modell: Vor-Mittel-Fertigschneider) von Hand in eine Stahlplatte (vorgefertigt)

In der Metallindustrie gibt es verschiedene Verbindungstechniken. Die verschiedenen Verbindungstechniken werden zum fügen verschiedener Bauteile verwendet. Die am häufigsten verwendete Verbindungstechnik ist die Schraubverbindung. Um Bauteile durch Schraubverbindungen zufügen werden Innengewinde benötigt. Es gibt zwei Arten von Gewindebohrern den mehrteiligen Satz und den Maschinengewindebohrer.

Beim Schneiden von Innengewinden mit dem mehrteiligen Satz sind Vorarbeiten sowie mehrere Arbeitsschritte bis zur Fertigstellung notwendig.

Das Ziel der Unterweisung ist, dass der Auszubildende in der Lage ist selbstständig ein Normgewinde mit einem mehrteiligen Gewindebohrersatz herzustellen.

Außerdem soll der Auszubildende ein Qualitätsbewusstsein sowie Verantwortung für seine Arbeiten erlernen.

Vorkenntnisse des Auszubildenden:

Der Auszubildende hat das Thema Gewindeschneiden in der Berufsschule behandelt. Er ist in der Lage die Vorarbeiten auszuführen (Anreißen, Körnen, Bohren, Senken).

LERNZIELE

Bei folgenden Lernzielen handelt es um Auszüge des Ausbildungsrahmenplans

Das Richtlernziel

Herstellen von Bauteilen und Baugruppen
(§11 Abs. 1 Nr.8)

Das Groblernziel

Herstellen von Bauteilen und Baugruppen (§ 11 Abs. 1 Nr. 8)	a) Betriebsbereitschaft von Werkzeugmaschinen einschließlich der Werkzeuge sicherstellen
	b) Werkzeuge und Spannzeuge auswählen, Werkstücke ausrichten und spannen
	c) Werkstücke durch manuelle und maschinelle Fertigungsverfahren herstellen
	d) Bauteile durch Trennen und Umformen herstellen
	e) Bauteile, auch aus unterschiedlichen Werkstoffen, zu Baugruppen fügen

Das Feinlernziel

Der Auszubildende kann ein metrisches Gewinde fertigen und prüfen.

Psychomotorisch (erlernen von Bewegungsabläufen)

Der Auszubildende kann nach der Unterweisung:

-das Werkstück fachgerecht spannen (Schraubstock)
-die Gewindebohrer fachgerecht in das Windeisen setzen
-mit den Gewindebohrern fachgerecht das Gewinde herstellen
-die Gewindebohrungen prüfen (Gewindelehrdorn)

Affektives Verhalten:

Der Auszubildende hat die Fähigkeiten

-Ordnung am Arbeitsplatz zu halten
-die Umweltschutzbestimmungen einzuhalten (Entsorgung von Ölen, Lappen usw.)
-Die UVV Regeln (Arbeitsschutz) zu beachten

Kognitives Verhalten

Der Auszubildende hat die Fertigkeiten- das Wissen

-die Werkzeuge auf Beschädigungen zu prüfen
-die erforderlichen Werkzeuge zu kennen
-die Werkzeuge zu unterscheiden (Vor-Mittel-Fertigschneider)
-die Arbeitsschritte beschreiben und durchführen

Unterweisungsgrund:

Dem Auszubildenden wird von mir vermittelt, dass das schneiden von Gewinden Prüfungsbestandteil ist. Wie oben im Ausbildungsrahmenplan aufgeführt ist es Bestandteil der Ausbildung eines Industriemechanikers und muss deshalb von mir vermittelt werden.

Dem Auszubildenden wird außerdem erklärt, dass das Gewindeschneiden eine der wichtigsten Verbindungstechniken ist z.b. im Maschinenbau und er diese Technik zwingend beherrschen muss.

Die Ausbildungsmittel für die Unterweisung

1;Windeisen M1-M10 (1x)

2;Gewindebohrersatz M8 (Vor-Mittel-Fertigschneider)

3; Grundplatte bearbeitet

4;Pinsel

5;Schneidöl

6;Schutzbrille

7;Tücher

8;Schraubstock

9;Gewindelehrdorn

10;Winkel 90°

Dauer der Unterweisung des Auszubildenden

Für die Unterweisung sind 15 Min angesetzt. Durchgeführt wird die Unterweisung gegen 9.30 Uhr nach der Pause. Zu diesem Zeitpunkt befindet sich der Auszubildende in einer hohen Aktivphase.

Art der Unterweisungsmethode

Da es sich um das erlernen eines Bewegungsablaufs (psychomotorisch) und den Umgang mit Arbeitsmitteln (Werkzeugen) handelt habe ich mich für die 4 Stufen Methode entschieden.

Wie ist die 4 Stufen Methode aufgebaut?!

-vorbereiten/motivieren

-vormachen/erklären

-nachmachen und erklären lassen

-üben-festigen/kontrollieren

1 Stufe: Die Vorbereitung des Ausbildenden:

Ich sorge für einen optimal vorbereiteten Arbeitsplatz mit allen erforderlichen Werkzeugen und Hilfsmitteln. Eine kurze Unterhaltung mit dem Auszubildenden wird geführt um die Stimmung aufzulockern. Ich frage den Auszubildenden nach Vorkenntnissen und erkläre ihm warum das Gewindeschneiden in der Wirtschaft so wichtig ist.

Ich erkläre dem Auszubildenden dass die von ihm gefertigten Teile dann in der Instandhaltung zum Einsatz kommen und deshalb seine Arbeit für unseren Betrieb sehr wichtig ist. Außerdem motiviere ich Ihn das er durch diese Arbeiten ein höheres Ansehen bei Kollegen genießen wird. Ich erkläre Ihm dass er mich jederzeit bei Fragen ansprechen darf. Ich unterweise ihn in den Unfallverhütungsvorschriften und Entsorgungsvorschriften und Stelle die Ausbildungsmittel vor. Als letzten Schritt lasse ich den Auszubildenden so Platz nehmen, dass er mich in der Stufe 2 (Vormachen) genau beobachten kann. Ich frage Ihn ob noch irgendwelche Unklarheiten zur 1 Stufe bestehen.

2 Stufe: Vormachen/erklären durch Ausbilder

Ich mache die Aufgabe vor und erkläre ihm die Vorgehensweise
Ich begründe meine Vorgehensweise beim Gewindeschneiden
Ich wiederhole nochmals die UVV

Im letzten Schritt leite ich zu Stufe 3 über und fordere den Azubi auf mir den Arbeitsablauf nachzumachen und zu erklären.

Lernschritt	Ausführung	Begründung	Methode/Verhalten
Werkzeug auswählen und beschreiben	Schneidsatz M8 wählen Vorschneider wählen-1 Ring am Schaft Windeisen wählen	Die richtige Wahl der Werkzeuge ist entscheidend für ein fachgerechtes Arbeiten	Ich als Ausbilder erkläre dem Azubi die Werkzeuge für die Unterweisung. Ich gebe dem Azubi eine UVV Unterweisung. Schnittgefahr bzw. Quetschgefahr an den Werkzeugen
Werkzeug vorbereiten	Den Gewindebohrer-Vorschneider in das Windeisen einspannen	Der Gewindebohrer muss fest gespannt sein. Verdrehen muss ausgeschlossen sein und er muss gegen Herausfallen gesichert sein	Ich lasse den Azubi bei den Arbeitsschritten genau zuschauen. Er soll möglichst nah bei mir stehen und uneingeschränkte Sicht haben. Wiederrum UVV zur Quetschgefahr beim Windeisen
Werkstück einspannen	Das Werkstück sauber in den Schraubstock spannen	Um ein winkliges und fachgerechtes Gewinde anfertigen zu können muss das Werkstück richtig gespannt sein	Durch seine Vorkenntnisse weiß der Azubi wie das Spannen eines Werkstückes funktioniert. Durch die Wiederholung sichert man langfristig das Erlernte. UVV-Quetschgefahr
Schneiden des Gewindes	Den Vorschneider einölen und ansetzen. Im Uhrzeigersinn anschneiden. Sobald genügend Halt erreicht ist, die Winkligkeit mit dem 90° Winkel prüfen. Nach jeder 2. Umdrehung des Bohrers ist der Span zu brechen- halbe Umdrehung zurück. Sobald der Vorschneider sich freigeschnitten hat, gegen den Uhrzeigersinn rausdrehen.	Um weniger Reibung und Wärme entstehen zulassen wird der Bohrer eingeölt. Korrektur ist möglich-Vorschneider 55% des Gewindes Span brechen um Werkzeugbruchfestsetzen zu verhindern.	Der Azubi schaut genau zu und ich erkläre ihm die Schritte einzeln. Ich erkläre ihm den Hintergrund zum Späne brechen und ölen.
Vorschneider entfernen Mittelschneider einsetzen Mittelschneider anwenden	Mittelschneider hat 2 Ringe am Schaft. Wiederrum einspannen. Selbiges Vorgehen wie beim Vorschneider. Grundbohrung von Spänen befreien	Nach Schritt 1 Vorschneider wird der Mittelschneider 25% des Gewindes angewendet. Es ist auf Ordnung Sauberkeit und Sicherheit	Beim Reinigen UVV beachten. Wieder anschaulich vermitteln

		Einölen, Ansetzen, Schneiden	zu achten.	
		Den Vorschneider mit dem Pinsel reinigen.		
Mittelschneider entfernen Fertigschneider einsetzen Fertigschneider anwenden	Fertigschneider hat 3 Ringe oder keinen Ring am Schaft Fertigschneider einspannen Vorgehensweise wie beim Vor und Mittelschneider Mittelschneider reinigen	Nach Schritt 2 Mittelschneider ist der Fertigschneider 20% des Gewindes angewendet Schneidöl gegen die Reibung und für das Spänebrechen.	UVV beachten Anschauliche Vermittlung des Arbeitsschrittes	
Fertigschneider entfernen	Fertigschneider reinigen und alle 3 Gewindebohrer wieder einpacken.	Sauberkeit und Ordnung	UVV beachten	
Öl und Spanrückstände entfernen	Mit einem Pinsel und Tüchern Öl und Spanrückstände entfernen. Schutzbrille ist weiterhin zutragen.	Es werden Späne und Öl entfernt dadurch wird das Werkstück sauber und eine Verletzungsgefahr ist nicht mehr gegeben. Der Gewindelehrdorn verklemmt nicht und es kann fachlich richtig geprüft werden.	Ich erkläre dem Azubi, dass er die UVV und Umweltschutzbestimmungen kennen muss. Ich erkläre ihm diese. UVV: Schutzbrille, Schnittgefahr Umwelt: Ölige Tücher-Entsorgung	
Werkstück prüfen	Den Gewindelehrdorn auspacken. Den Gewindelehrdorn mit der Gutseite in die Gewindebohrung eindrehen. Wenn sich diese komplett einschrauben lässt, ist das Gewinde in Ordnung. Wenn die Ausschussseite sich ebenfalls mehr als anschnäbelt ist das Gewinde Ausschuss.	Das Gewinde wird auf Gut oder Ausschuss überprüft-Qualitätsbewusstsein. Flankendurchmesser Überprüfung Wenn nicht überprüft werden würde, wäre die Gefahr des Lösens der Schraube gegeben und somit erhöhte Unfallgefahr. Außerdem prüft man ob man die richtige Steigung hat.	Ich frage den Azubi ob noch Fragen sind. Ggf. wiederhole ich zusammen mit ihm die Arbeitsschritte.	

3 Stufe: Nachmachen und erklären lassen durch Auszubildenden

Der Auszubildende versucht jetzt das gelernte selbst umzusetzen und mir zu erklären. Ich korrigiere Ihn bei Fehlern ohne Ihn aber zu entmutigen und stelle immer wieder Kontrollfragen zum Lerngeschehen.

Ich spreche bei guten Leistungen sofort Lob und Anerkennung aus, äußere aber auch sachliche nicht demotivierende Kritik.

4 Stufe : Üben/festigen und kontrollieren des Ausbildungsinhaltes

Der Auszubildende führt die Aufgabe jetzt selbstständig aus. Er übt das Gewindeschneiden und ist in der Lage selbst Gewindebohrungen herzustellen und zu prüfen.

Ich kontrolliere Ihn und greife nur bei Fehlern ein. Ich kontrolliere das Ergebnis zusammen mit Ihm und spreche ggf. Lob oder sachliche Kritik aus. Für Fragen stehe ich natürlich jederzeit zur Verfügung

Eintragung in das Berichtsheft veranlassen

BEI GRIN MACHT SICH IHR WISSEN BEZAHLT

- Wir veröffentlichen Ihre Hausarbeit, Bachelor- und Masterarbeit

- Ihr eigenes eBook und Buch - weltweit in allen wichtigen Shops

- Verdienen Sie an jedem Verkauf

Jetzt bei www.GRIN.com hochladen und kostenlos publizieren